들키고 싶은 마음

대구북중 시집
들키고 싶은 마음
조은경 엮음

만인사

| 책을 펴내며 |

사각거리는 연필로 쓴 시

조은경(지도교사)

교단에서 적지 않은 시간 동안 국어를 가르치며 느낀 것은 학생들이 문학의 다른 종류들에 비해 유난히 시 읽기를 겁내고 어려워하며 시 쓰기를 힘들어한다는 것이었습니다. 시를 읽을 때는 스스로 주체적인 감상을 시도하기보다 교사의 감상을 궁금해 하고 그것에 공감과 이해를 표하면서 공부합니다. 그리고 시를 쓸 때는 교과서에 실린 시들의 화려한 기교를 떠올리며 자신도 멋진 시를 쓰겠다는 진지한 태도를 보이지만, 금세 한숨으로 변하고 연필을 놓아버립니다.

여러 가지 원인들이 복잡하게 얽혀 있겠지만, 지금까지 학생들이 공부해온 시들의 대부분이 천재적인 시인들의 뛰어난 작품들이었다는 것이 그 원인의 한 부분임을 생각하지 않을 수 없습니다. 요즘 학생들은 시집을 사지 않습니다. 시집을 읽는 것보다는 스마트폰, PC, 영화 등이 주는 재미가 훨씬 더 구미에 맞기 때문입니다. 때문에 학생들이 읽는 시는 국어교과서에 실린, 혹은 국어교사가 제공해주는 것이 대부분이라고 해도 지나치지 않을 것입니다. 그리고 의식하지 않든 의식하든 교과서에 실린 시는 공부해야 하는 교재라는 압박감과 함께 권위를 가질 수밖에 없습니다. 결과적으로 학생들은 시에 대한 경외심을 갖게 되고 부정적이게도 시로부터 멀어지게 된 건 아닐까요?

학생들이 시와 친숙해지고, 스스로 즐겁게 창작할 수 있도록 돕고 싶었습니다. 시도 생활글처럼 지금 생활하면서 느끼는 자신의 감정을 진솔하게 표현하는 하나의 도구임을 알게 하고 싶었습니다. 화려한 기교나 멋진 시어들보다 그 안에 들어있는 솔직한 감정이 시를 읽는 이의 공감을 끌어낼 수 있다는 것을 우리 학생들이 깨달았으면 하는 바람이 있었습니다. 동아리 詩友 아이들과 함께 시를 쓰고 공유하는 과정을 거치면서 시를 쓰는 즐거움을 깨달아가는 작은 시인들도 있었지만, 아직도 여전히 멋진 시를 써야겠다는 의지의 벽을 완전히는 부수지 못했다는 것을 잘 알고 있습니다.

하지만 자신이 연필로 사각거리며 쓰곤 했던 몇 편의 시들이 시집이 되어 나오는 과정은 우리 동아리 학생들에게 충분한 감동으로 다가올 것이고, 그것은 저자로서의 우리 학생들을 눈부시게 성장시킬 거라는 확신으로 학생들과 함께했습니다. 여러 가지 일들로 바쁘다는 핑계를 대면서 좀 더 자주, 좀 더 깊이, 함께하지 못했음이 늘 '시우' 학생들에게 미안했습니다. 그럼에도 불구하고 즐겁게 시 쓰기에 참여해준 '시우' 학생들에게 고마움을 전합니다.

차례

| 책을 펴내며 |
사각거리는 연필로 쓴 시 / 조은경 · 4

1 너의 마음은 자물쇠

꿈을 만날 때 / 최인영 · 13
시작과 마지막 / 신민주 · 14
멍 / 박소연 · 15
흉터 / 신주영 · 16
16살 / 정예린 · 18
꿈 / 조은지 · 20
체크메이트 / 신주영 · 21
자물쇠와 열쇠 / 최인영 · 22
노랑 / 임연홍 · 23
'나'라는 '찰흙' / 김윤주 · 24
작가가 되기 전 / 이지현 · 26
찰흙 / 김경희 · 28
탑 쌓기 / 박소연 · 30
빛나는 꿈 / 박소연 · 31

차례

2 길고양이 야옹댄다

연필 / 송수민 · 35

곰인형 / 한혜진 · 36

스마트 폰 / 박소연 · 37

체중계 / 정예린 · 38

짧은 이야기 / 안수연 · 40

완전 범죄 / 신주영 · 42

길고양이 울다 / 안수연 · 44

뽑기 / 임연홍 · 45

운동장 / 임연홍 · 46

자전거 / 조은지 · 47

게임 / 전선우 · 48

덜렁거림 / 송수민 · 49

떡볶이 / 송수민 · 50

달은 / 안수연 · 51

차례

3 302개의 별

그림자 / 이지현 · 55
메이크업 / 안수연 · 56
교복 / 송수민 · 57
302개의 별 / 신주영 · 58
유리창 / 최인영 · 60
언제쯤이면… / 신민주 · 62
그들도 / 신민주 · 63
내가 다시 태어날 때엔 / 안수연 · 64
시간 / 송수민 · 65
손난로 친구들 / 신민주 · 66
어느 강아지 이야기 / 한혜진 · 67
다이제 / 김경희 · 68
떠나보내며 / 신주영 · 70
날아 / 한혜진 · 72

차례

4 가장 힘든 숙제

그 길 / 김윤주·75
교실 / 최인영·76
잠 / 이지현·77
홈베이스 / 정예린·78
점심시간 / 조은지·80
우리 교실 / 한혜진·81
들키고 싶은 마음 / 정예린·82
선생님들의 침묵 / 전선우·86
수업시간 / 이지현·87
청소시간 / 조은지·88
나의 가장 힘든 숙제 / 전선우·90
시험 후 / 김경희·92
요물 / 정예린·94
졸업식 / 이지현·97

차례

5 야속한 내 손

핫 팩 / 임연홍 · 101
그리운 할아버지 / 전선우 · 102
아빠 / 박소연 · 103
친구라서 / 최인영 · 104
빈자리 / 조은지 · 105
사촌동생 / 김경희 · 106
손 / 김윤주 · 109
어린 시절에 대한 그리움 / 전선우 · 110
그때로 / 신민주 · 112
거제도 갔던 날 / 김윤주 · 114
처음으로 / 임연홍 · 115
한 마디 / 한혜진 · 116

책쓰기동아리 詩友 시작 메모 · 117

1 — 너의 마음은 자물쇠

꿈을 만날 때

최인영 3학년

꿈을 만날 때는
서두르지 않아도 괜찮아.
무거운 짐을 메지 않아도 괜찮아.

안개가 끼어도,
돌에 걸려 넘어져도,
세찬 바람이 몰아쳐도,

한 발 한 발 나가면
꿈이 널 반갑게 맞아줄 거야.

꿈을 만날 때는
너무 힘들어하지 않아도 괜찮아.

시작과 마지막

신민주 3학년

사람들은 시작을 잘해야 한다고
말합니다.
막상 그 시작을 하려니
설레기도 하고
두렵기도 합니다.

사람들은 마지막을 잘해야 한다고
말합니다.

그런데 그 시작과 마지막이
왜 이렇게 힘든 걸까요?

멍

박소연 3학년

언제부터 있었는지
왜 있었는지

아무리 봐도
난 널 모르겠어

그냥 널 보면
자꾸 아파

그래도 지금만 버텨내면
넌 흉지지 않고 사라질 수 있을 거야

흉터

신주영 2학년

약물과 각종 주사 마약성 진통제가
내 고통을 순간순간 잊게 해주고
다시 맞이하는 아픔과
바로 잊혀지는 아픔이

기억나지 않는 상처에
시간이라는 약이 온 몸에 퍼지면서
새로운 흉터가 되어
온 몸이 상처투성이가 되어갔다.

상처가 아프지 않기 위해서는
더 큰 생채기를 상처 위에 내서
그 아픔으로
원래의 고통을 잊어버리는 것.

내가 스스로 내게 내릴 수 있는
가장 큰 고통은 죽음이다.
흉터를 치료하기 위해서
내가 할 수 있는

최선의 최악의
그리고 마지막 선택
모든 고통을 잊도록
다신 아프지 않도록

16살

정예린 3학년

하고 싶은 게
한창 많을 나이
16살

2학기 기말고사까지
끝나니

공부하고 싶은 마음까지
끝이 난 것 같다

시험 때문에 못 봤던
영화도 보고 싶고

친구들과
맛있는 것도 먹고 싶고

가족과
여행도 가고 싶고

밀린 예능 프로그램도
'다시 보기' 하고 싶고

예쁘게
파마도 하고 싶다

하지만
16살은
하고 싶은 게 많지만
할 수 없는 게 더 많은
나이이다

꿈

조은지 2학년

아직 정해진 꿈은
없는 나

어릴 적부터 많은 꿈을
키워오던 나이지만

정말 내가 원하던
그 꿈을 찾아 펼쳐
나가고픈 나

꿈을 이루기 위해
부푼 희망과 함께

나만의 길을 만들어
나가고픈 나

체크메이트

신주영 2학년

결국 이렇게 될 줄 알았으면서
착한 척 뭔가 있는 척 한 번 해보려고
동정 하나 던져주면서
호랑이 새끼를 키웠다.

균형이 깨지기 시작하고
이번이 처음이 아님에도
결국에 주었던 것은
내게로 돌아올 것을 알면서도

되돌릴 수 없는 시간들은
최선이었다고 스스로 최면을 거는
내 모습들은 알고 있다.
이미 지나간 내 스스로의 선택인 것을.

자물쇠와 열쇠

최인영 3학년

너의 마음은
자물쇠

열쇠를 잃어버려
풀지 못한다면
내가 열쇠가 되어
너를 풀어 줄 것이고

자물쇠가 여러 개라도
내가 나누어서
하나씩 하나씩
천천히 열어 줄 테니

아무리 복잡한 자물쇠라도
끊임없이 나를 다듬어
꼭 맞게, 너를 열어 줄 테니

노랑

임연홍 2학년

내가 좋아하는 색 노랑색
개나리색깔 노랑색

보면 기분 좋아지는 색 노랑색
병아리색깔 노랑색

생각하면 행복해지는 색 노랑색
바나나색깔 노랑색

떠올리면 맛있어지는 색 노랑색
단무지색깔 노랑색

'나'라는 '찰흙'

김윤주 3학년

사람은 찰흙이다
김혜정 작가님이 말하신다

어른들은 굳어서 딱딱해진 찰흙처럼 바뀌지 않지만,
우리들은 말랑말랑한 찰흙이라,
언제든지 변화할 수 있다고 했다

나는 생각했다
나라는 찰흙으로 무엇을 해야 할까?
일기장을 보며 그때 내가 적어 논
꿈 목록을 읽어보았다

나는 답답했다
나의 성격조차 모르고
적어온 꿈들을 모두 이룰 수 있을까라는 의심이

알 수 없는 늪으로 빠지는 것 같다

하지만 나는
나라는 찰흙을 잘 다듬기로 했다
나라는 찰흙이 어떤 모양이 될지 모르지만
그렇기 때문에 나는 나를 기대한다

작가가 되기 전

이지현 3학년

6살, 나는 '아기돼지 삼형제'라는
동화책에서 감동을 받아 '작가'라는
꿈을 가지게 된 그 해…

12살, 나만의 글을 쓰다
출판사에 조건을 걸고 나의 글을
보냈던 그때…
한참을 기다리다, 출판사로부터 온
한 장의 편지, 그리고 나 자신의 좌절…

15살, 처음 나의 책이 나와 기뻐했던 그 날,
드디어 작가의 길을 걷는다 하여 좋았던 나…
그 행복은 곧 불행이 되어 슬펐던 나

10년 후… 마지막이라는 심정으로

열정적으로 글을 쓰고, 응모했던 날
마침내, 나 자신이 작가의 꿈을
이루게 되었던 날… 절대 잊을 수 없는 그 날…

---

*성장소설 『다이어트 학교』의 김혜정 작가의 과거 이야기

찰흙

김경희 3학년

말캉말캉하기도 하고
진득진득하기도 한
찰흙

찰흙은 처음에는
형태가 없지만
우리가 점점 만들어간다

우리들도 아기 때는 아무런
지식이 없지만
점점 배우게 된다

또한 만질 때는 부드러웠지만
시간이 지날수록 딱딱해진다

우리들도 청소년일 때는
성격, 가치관, 사고가
변하지만

어른이 되고 나면 그것들을
바꾸기 어려워진다

마치 우리는
찰흙 같은 인생을
살아가는 것 같다

끊임없이 변하다
어느 순간 어느 형태로 굳어져
시간이 지나면 바꾸기 어려운
그런 찰흙처럼…

탑 쌓기

박소연 3학년

블록 탑을 처음 쌓을 때
우르르 무너져 내리고 말았어.

무너져도
난 다시 쌓았어.

또다시 무너져도
난 다시 쌓았어.

이렇게 계속 쌓다 보면
언젠간 무너지지 않게 쌓을 수 있을 거야.

빛나는 꿈

박소연 3학년

별은 자신을 불태워
빛을 낸다

빛을 내기 위해
불에 타야 한다

별은 불타 없어져도
빛나는 별이다

나는 타서 사라져도
내 꿈은 빛나길

2

길고양이 야옹댄다

연필

송수민 3학년

사각사각, 스윽
그 끝은 뾰족했다.

그 뾰족함으로
힘껏 흔적을 남기고는

흔적도 없이
사라져 갔다.

곰인형

한혜진 3학년

내가 슬플 때
옆에서 위로해 주던

내가 짜증 날 때
묵묵히 받아주던

항상 함께여서
잘 알지 못했던

지금은 점점
나에게서 잊혀지고 있는

소중한 내 곰인형

스마트 폰

박소연 3학년

딱히 너와 할 건 없어
근데 네가 없으면
자꾸 허전해

넌 작은 네모인데
자꾸 내 시간을 잊게 해

널 잡고 있던 동안
내 시간은 더 멀어져 버렸어
이젠 잡고 싶어도
너 때문에 잡을 손이 없어

체중계

정예린 3학년

장소마다
다르게 나오는
몸무게가
마음에 안 든다

베란다 문 앞에서 잰
몸무게는
거실 정중앙에서 잰
몸무게보다
1kg이나 불어있다

거실 정중앙에서 잰
몸무게는
목욕탕에서 잰
몸무게보다

2kg이나 불어있다

목욕탕에서 잰
몸무게를
믿고 싶지만

베란다 문 앞에 있는
체중계가
속삭인다

내가 제일 솔직한 건
안 비밀

짧은 이야기

안수연 3학년

원.
일정한 간격을 두고 모여 있는 점들의 집합.
정사각형.
네 각의 크기와 네 변의 길이가 모두 같은 사각형.
설명에서부터 다른 이 두 도형에게 수학자는,
원은 책장이 되라고 하고,
정사각형에게는 자동차 바퀴가 되라고 하였다.
원이 말했다, 그건 하고 싶지 않다고.
정사각형도 말했다, 그런 건 내 적성에 맞지 않다고.
그러나 막무가내였다.
결국 두 도형은 그 말에 수긍했다.
그러나 책장이 된 원은
꽂는 책을 족족 쓰러트리고,
자동차 바퀴가 된 정사각형은
제대로 굴러가지 않았다.

이 이야기의 교훈은,
저마다 잘할 수 있는 게 있는데도,
그걸 무시하고 억지로 시키면 더 큰 손해라는 것.

완전 범죄

신주영 2학년

모든 사회의 일부분에 있어서는
동일한 문제이지만
하얀 범죄도 존재한다.

그게 나쁜 일만 아니라면
누군가에게 간접적 혹은 직접적으로 피해가 가지 않는다면
사회에 물의를 일으키지 않는다면
애석하지만 존경스러운 경험이 될 수 있다.

영어단어 시험을 치는 도중
친구의 간절한 눈길에
한 번 답해주는 것도

그리고 1개만 더 맞추면
집에 갈 수 있을 때

친구에게 눈 한 번 깜빡여 주고
의미심장한 표정 한 번쯤
지어주고 싶다.

비록 애석하지만 존경스럽지 않더라도.

길고양이 울다

안수연 3학년

길고양이 야옹댄다.
담장을 타고 느릿느릿 걸어간다.
차 밑에 기어들어가 낮잠을 잔다.
길 가는 사람을 빠안히 쳐다본다.

아빠가 화를 낸다.
저놈의 고양이 새끼들,
아주 골칫덩어리들이야.
나중에 약을 치던가 해야지.

그러지 마세요.
그냥 단지 주인에게 버림받았다고,
그냥 단지 길거리에서 태어났다고,
약을 쳐서 죽이고, 잡아다가 때려죽이고
그러지 말아 주세요.

그냥, 단지 살고 싶을 뿐인데.

뽑기

임연홍 2학년

오늘 아침에 양말을 뽑았다
분홍색 양말 뽑는 기계에 누가 양말을 깜빡
그래서 내가 슬쩍 가지고 왔다

점심때 사탕 기계에 100원을 넣었는데
사탕이 5개나 뽑혔다
그래서 내가 맛있게 쩝쩝

저녁에 인형 뽑기 기계에서
예쁜 인형을 뽑았다
그래서 내가 인형을 가지고 룰루랄라

뽑기는 정말로 재미있는 것 같다

운동장

임연홍 2학년

하늘처럼 넓은 운동장에
개미처럼 작은 사람들이

바다처럼 넓은 운동장에
모래처럼 작은 사람들이

여기저기 뛰어다니며
축구경기를 합니다.

개미보다 더 작은 축구공을 따라서
모래보다 더 조그만 축구공을 따라서

모두 신 나게 뛰어다닙니다.
개미처럼 작고 모래처럼 작은 사람들이지만
지금은 하늘처럼 바다처럼 넓은
운동장의 주인공입니다.

자전거

조은지 2학년

바람을 가로지르며 나아갈 때
사막에서 오아시스를 찾아낸 기분

시원한 바람과 상쾌한 공기를
들이마시며 밝아지는 내 몸과 마음

하늘 위 넓고 푸른 바다
솜사탕처럼 몽글몽글한 구름 위를
날아다니는 기분

게임

전선우 1학년

오늘은 힘든 하루였다
남자들이라면 공감이 갈 것이다

집에 와서 게임하기
이것은 남자들만이 이해할 수 있다

피곤한 학원이 끝나 집에 오면
어머니나 아버지가 없으면 하는 게임

피곤에 지쳐도
게임을 하면 쌩쌩해진다

시간 가는 줄 모르고 하면
언젠간 부모님이 매를 들 것이다

덜렁거림

송수민 3학년

어느새 생겨난
생채기들.

나도 모르는 새 없어진
물건들.

덜렁거림,
때론 괴롭지만
결국 나의 일부인걸.

떡볶이

송수민 3학년

삐질삐질.
뜨거워서 땀을 흘리고,
주르륵.
매워서 눈물 흘린다.

그런 떡볶이의 맛은
떡 맛도 아니고,
국물 맛도 아니고,
그렇다고 아줌마의 손맛도 아니다.

그러면 무슨 맛으로 먹느냐고?

정해진 답은 없지만
굳이 대답하자면,
아마…….
친구들과의 추억 맛이 아닐까?

달은

안수연 3학년

달은,
호랑이 담배 피울 때에도,
자동차가 매연을 뱉을 때도,
언제나 그 자리에 있었다.

수십 년 동안 하나둘씩 도둑맞은 별들을
대신이라도 하겠다는 듯이,
구름의 손길도 뿌리치고 밝게 빛이 난다.

이리저리 할 일 많은 나이, 열여섯
한숨만 푹푹 쉬면서 창밖을 보면
'괜찮아, 난 여기 있어.'
'잘할 수 있을 거야.'라고,
달은, 온몸으로 격려해 준다.

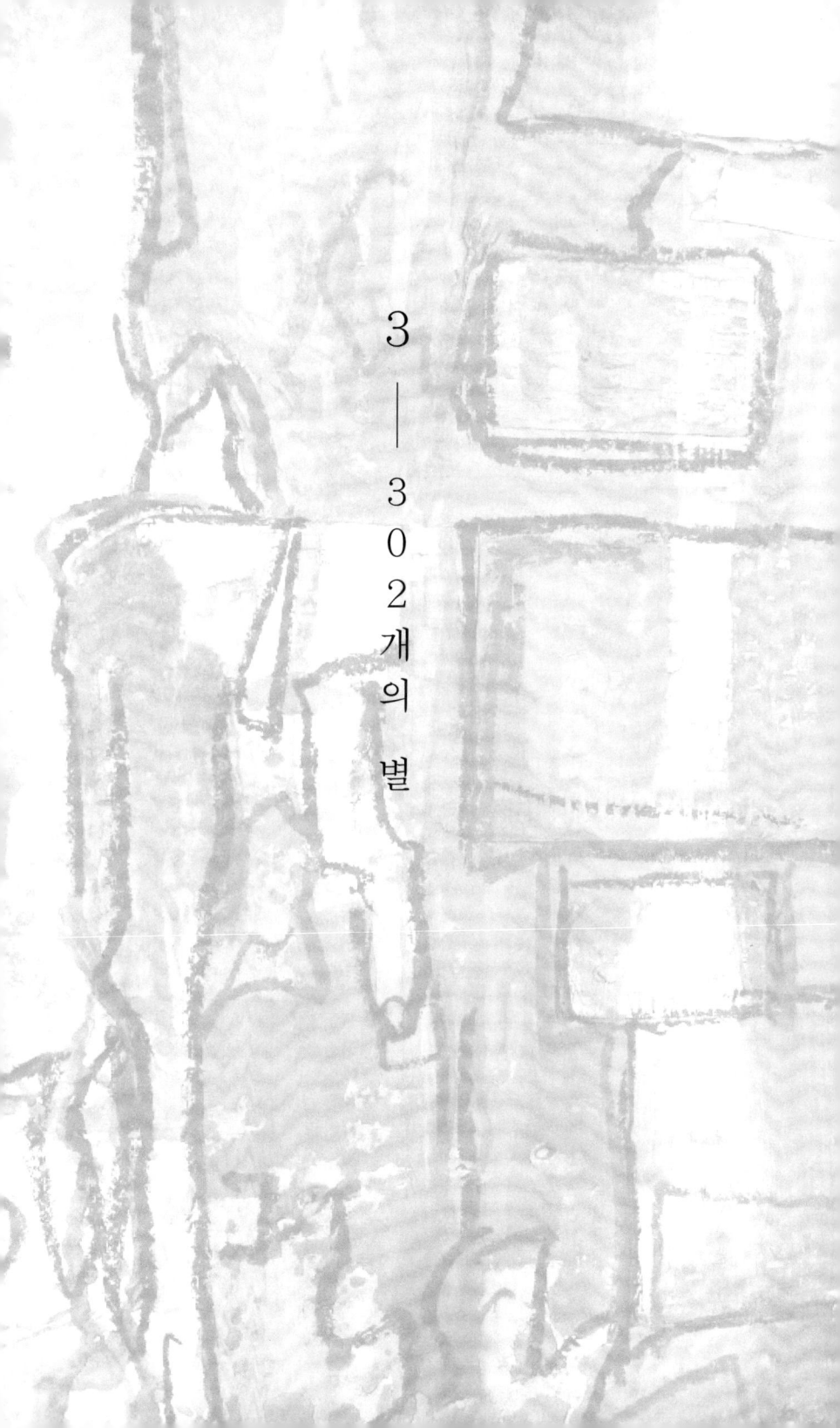

3 — 302개의 별

그림자

이지현 3학년

햇빛 있는 날이나
깜깜한 밤 가로등이 환하게 빛을 낼 때
나를 지겹게 따라다니는
그림자

혼자 외로이 걸을 때 붙어있는
외롭지 않게 붙어있는 친구
그림자

메이크업

안수연 3학년

분칠을 하고,
아이라인을 그리고,
입술을 칠하고,
분주하게 치장하는 여성분들의 나이는
14살, 16살, 17살.
자신을 돋보이고 싶은 걸까,
예뻐 보이고 싶은 걸까,
잘나가는 것처럼 보이고 싶은 걸까,
왜 그렇게 분주히 화장을 하는 걸까.
굳이 하지 않아도
충분히 돋보이는 존재이고,
충분히 예뻐 보이고,
충분히 잘나가 보이는데,
내가 아직 어린애인 건지,
여자애들이 너무 성숙한 건지,
알 수가 없다.

교복

송수민 3학년

닳아버린 옷깃에
이별을 직감했다.

곧 쓸모없어질 천 쪼가리.

하지만 그 천 쪼가리는
내 중학교 시절의
전부였다.

302개의 별

신주영 2학년

알고 계십니까,
당신이 우리에게
그저 기다리라고 했을 때
우리는 두려움에 떨며 움츠렸습니다.

처음에는 그리도 푸른 빛이던
바다가 혀를 넘실거리며
다가오는 것을
바라볼 수밖에 없었습니다.

누군가를 구하려다
결국 지쳐 쓰러져간
그 친구와 눈물을
흘리는 것이 전부였습니다.

결국
한 치 앞도 보이지 않는 어둠이
우릴 찾아왔을 때
밝은 빛을 내는 천사도 곧 올 것을 알았습니다.

언젠가 당신도 아시겠죠.
우리는 302개의 별이 되었음을
차가운 바다 위를 거닐며
이런 일이 마지막이 되도록
밝게 비춰주고 있음을

유리창

최인영 3학년

사람은 유리창이다.

닦아주면
있는지 없는지 모를 만큼
깨끗해지고

조금만 더럽히면
멀리서도
더럽다는 걸 알 수 있으니까

그래도
더러워졌더라도
다시 노력한다면
금방 깨끗해질 수 있으니까

그래서
사람은 유리창이다.

언제쯤이면…

신민주 3학년

용기가 없어 하지 못 한 말
부끄러워 하지 못 한 말
사랑해

자신이 없어 하지 못한 말
두려워서 하지 못한 말
좋아해

오늘도 내 마음속에서만 외친다.
오늘도 내 마음속에서 맴돈다.
언제쯤이면 내 마음속에서 나올까?

언제쯤이면…

언제쯤이면…

그들도

신민주 3학년

나는 행복합니다.
볼 수 있어서 행복합니다.
하지만 볼 수 없다고
불행한 건 아닙니다.
그들은 우리와 다를 뿐
틀린 건 아니니까

나는 행복합니다.
들을 수 있어서 행복합니다.
하지만 들을 수 없다고
불행한 건 아닙니다.
그들은 우리와 다를 뿐
틀린 건 아니니까

그들도 우리와 같은 사람입니다.

내가 다시 태어날 때엔
―위안부 할머니들께 바치는 시

안수연 3학년

내가 다시 태어날 때엔
나는 꽃이 될 것입니다
모진 바람에 꺾이지 않는
그런 꽃이 될 것입니다

내가 다시 태어날 때엔
나는 새가 될 것입니다
누구에게도 잡히지 않는
그런 새가 될 것입니다

내가 다시 태어날 때엔
다시는 그런 아픔 겪지 않고
억센 손에 꺾여지지 않고
그렇게 살고 싶습니다.

내가 다시 태어날 때엔

시간

송수민 3학년

끝과 새로운 시작의 사이에는
이별이 있다.
이별을 지나 새로운 시작에 다다를 땐
낯섦이 있다.
또 낯섦을 지나 끝이 되어 가면
또 다른 이별이 있다

우리의 시간은
지금도 이렇게
흐르고 있다.

손난로 친구들

신민주 3학년

나는 손이 차갑다.
많이 차갑다.
요즘은 더 차갑다.
이런 나를 위해
손난로가 되어주는 친구들
손처럼 마음도 따뜻하다.
진정으로 나를 위해주는 친구들
이 친구들을 보면
나도 같이 따뜻해진다.
이 친구들이 있어서
내 마음도 따뜻해진다.

어느 강아지 이야기

한혜진 3학년

니가
나만 남겨두고
나가버려도
니가
나를 봐주지 않고
귀찮아하더라도
니가
내가 말을 안 듣는다며
때리고 미워해도
나는 언제나 너를 좋아해

다이제

김경희 3학년

통밀로 기본바탕을
설계한 그대

그 위에 초콜릿을 올려
풍미를 더 한 그대

텁텁한 그대에게
달달함을 선물하였다

허나 잊어서는 안 될
하나의 진실

당신이 악마의 유혹에 걸려
혼자 독차지한다면

당신이 악마의 유혹에 걸려
나누어 먹지 않는다면

그대는 돼지가 될 운명
그게 바로 너

떠나보내며

신주영 2학년

눈물이
잡히려다
끝에서 간당간당
달려 있다가
톡
떨어진다,

어금니를
꽉 깨물고
웃긴 일을
떠올리고
자학도 해봤지만

굳게 부릅뜬
두 눈에선

한 방울이
떨어졌다.

서럽고
억울했던
어떤 것이
풀리는 순간

멈추질 않는다.
손으로 두 눈을 가린 채
주체가 되질 않는다.

날아

한혜진 3학년

밤하늘에 빛나는 별은
나와 같다
나도 언젠가 훨훨 날아
빛나는 별이 되리

온 세상에 자유로운 바람은
나와 같다
나도 언젠가 훨훨 날아
자유로운 바람이 되리

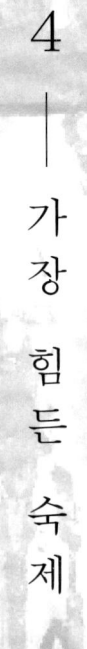

4 ― 가장 힘든 숙제

그 길

김윤주 3학년

아침마다 걸어오는 그 길
정확히 20분을 넘으면 야속해지는 그 길
이제는 익숙해져 조그마한 풀꽃 위치까지
알 것 같은 그 길은
이름하여 대구 북중 정문 가는 길

오전만 되면 길에 축축 늘어지는 발걸음은
울퉁불퉁 흙길이고,
오후가 되면 길에 날아갈 것 같이 가벼운 발걸음은
대리석 바닥이다.

이제 곧 나와 헤어지게 될 그 길은
10년 20년 또 30년이 지나면
왠지 그리워질 것만 같은
내 마음 속 아련한 발자취

교실

최인영 3학년

같은 옷을 입는
같은 책을 펴고
같은 자세로
같은 곳에 앉아있다.

종이 울리고
학식 있는 어른이 들어오면
전쟁이 시작된다.

누군가는 경쟁하고
누군가는 포기하고
누군가는 장난친다.

같은 모습으로
다른 모습을 드러낸다.

잠

이지현 3학년

나른한 오후, 창가 쪽 자리에 앉아 밖의
풍경을 본다.
푸른 하늘, 주차된 차가 보인다.
다시 고개를 돌려 앞을 보면 수업하시는
선생님이 보인다.

선생님은 무언갈 설명하는데
내 몸은 말을 듣지 않고,
책상과 합체를 하고 만다…

홈베이스

정예린 3학년

우리 집 같은
학교의 홈베이스

home base라는 단어만으로도
느낌이 아늑하다

아침밥을 먹지 않아
점심시간을 기다려 온 아이마냥
친구와의 약속을 앞두고
종례시간을 기다려 온 아이마냥

쉬는 시간만 되면
홈베이스에
책을 가지러 오는 아이들,
쇼파에 앉아 수다 떠는 아이들,

옹기종기 모여 시끌벅적하다

홈베이스에서나마
교실이라는 지옥에서 벗어나
학생 수만큼의 눈을 가진 것 같은
선생님의 날카로운 시선에
수업시간에는 나눌 수 없었던
친구들과의 정이 느껴진다

점심시간

조은지 2학년

맛있는 반찬 냄새가
풍기는 급식실

그 냄새가 너무 향기로워
내 코를 자극한다

급식을 먹기 위해
옹기종기 서 있는 개미떼

기다리는 시간이
너무 길게만 느껴진다

설렘을 안고
밥을 한 숟갈 먹으니
꿀맛이다

우리 교실

한혜진 3학년

새로운 친구를 만나고
함께한 친구를 보내고

또다시 새 친구를 맞이하고
또다시 친구를 떠나보내고

언젠간 모두 떠나지만
그들의 흔적이 추억으로 남아있다

이 교실처럼 우리 마음속에도
그들의 흔적이 추억으로 남아있다

들키고 싶은 마음

정예린 3학년

중국어 단어를 외우며 읽는 소리가
노래 같아 즐겁다는 엄마 말씀에
그만 끊겨버린 내 목소리

빨리 외워야 하는데
시간이 얼마 없는데

엄마를 즐겁게 해드리고 싶은
마음은 굴뚝같은데
부끄러워할 필요도 없는데

왠지 내가 읽는 소리를
엄마가 귀담아 듣고 있다는 생각에
차마 입이 떨어지지 않는다

엄마는 아실까
부끄러운 내 마음을

테니스 레슨을 받는데
아버지가 보인다
힘을 잔뜩 주고 있던 팔에
없는 힘까지 주려 한다
아버지를 기쁘게 해드리고 싶은
마음은 굴뚝같은데
공이 자꾸만
내 마음을 비켜나간다

아버지는 아실까
더 잘하고픈 내 마음을

선생님이 내 이름을 부르신다
"예린아!"
"네?"
내게 질문을 하신다
"이건 뭘까?"
"음… 그게…"

다른 아이들에게 하시는 질문은
다 쉬워 보이는데
왜 내게 하시는 질문은
다 어려운 걸까

선생님은 아실까
내게 하시는 질문만 몰라서
답답한 내 마음을

들키고 싶다
내 마음을

선생님들의 침묵

전선우 1학년

질문을 해도 계속해도
대답이 없다

몇 번을 외치고 소리쳐도
대답이 없다

수업 시간 매번 질문하던 나
하지만 대답은 없었다

가끔은 무시하기도 하고

질문을 다시 해도
대답이 없다

하지만 아주 가끔 친절하게 말씀하시면
내 맘이 편안하다

수업시간

이지현 3학년

행복했던 쉬는 시간이 지나,
찾아온 수업시간…

피곤하지 않는데도
피곤한 시간

가끔 숙제를 안 해와
혼나는 시간

그리고… 쉬는 시간만 기다리는
우리…

청소시간

조은지 2학년

학교를 마치고
인문사회교사연구실로 가는
가벼우면서도 무거운 발걸음

문을 열고 들어서면
환하게 웃으며 반겨주시는 선생님

쓰레기통의 쓰레기들을 버리면
싹 날아가 버리는 내 근심 걱정들
후련해지면서 가벼운 발걸음

마음을 정화시켜주는 걸레질
깨끗해진 교무실을 보면
웃음이 날 반겨준다

선생님들의 칭찬을 들으니
으쓱해지는 내 어깨
힘이 솟아나 더 열심히 하게 되는
마법 같은 소리

나의 가장 힘든 숙제

전선우 1학년

친구와 숙제한다고
엄청나게 힘이 들었지만
잘한 일이라고 생각했다.

학원에 가니
친구들이 숙제를 다 안 했다고 했다.
그래서 나는
친구들의 보는 시선에
숙제를 못 했다고
하였다.

친구와 함께 혼나고
집으로 간다.
하지만 집에 갔는데
또 다른 산맥이 있었다.

또 나는 어머니께
꾸중을 들었다.

나는 무엇을 위해 공부를 하는가?
그것이
나에게 가장 힘든 숙제이다.

시험 후

김경희 3학년

지금 기분이 좋다.
아니 좋지 않은 것 같기도 하다.

귀가 간지럽다.
누군가 내 욕을 하고 있겠지.

예상컨대 그 사람은
'엄마'일 것이다.

예상컨대 엄마는
'시험점수'를 봤겠지

내 몸은 친구들과
놀고 있지만,

내 생각은 온통
시험지를 본 엄마에게 쏠려있다.

어떻게 하지…
뭐라고 말하지…

그냥 다음부터
잘해야겠다.

요물

정예린 3학년

나에게는
요물이 있다

수학 공부를 할 때마다
나타나는

나를
들었다 놨다
들었다 놨다 하는

그런 요물이 있다

이 방법으로 풀까
저 방법으로 풀까

이건 아닌 것 같아
저것도 아닌 것 같아

손을 대 볼 용기조차
허락해 주지 않는
내 요물

큰 맘 먹고
시작했는데
끝이
보이는 것 같은데

보이는 것 같을 뿐이지
보이지는 않는다

이렇게 저렇게
내 시간을 야금야금
갉아먹는
내 요물

요물아

네가 아무리
답을 감추려 해도

넌
날 이길 수 없어

답을 순순히
내놓는 게 좋을 거야

졸업식

이지현 3학년

이때까지 함께 웃고 떠들고 친했던
친구들과 헤어지는 날

마지막인 친구들에게 눈물 뚝뚝 흘리며
작별인사를 하게 되는 날

한편으론 기분 좋은 날인
졸업식

5 — 야속한 내 손

핫 팩

임연홍 2학년

꽁꽁 언 내 손을 녹여주는
핫 팩

덜덜 떨고 있는 내 얼굴을 녹여주는
핫 팩

내가 가지고 있는 핫 팩은
마음이 따뜻하고 무한 사용 가능한
엄마이다.

그리운 할아버지

전선우 1학년

태어날 때부터
그분이 없었다

남들 있던 그 사람
하지만 나는 그분의 얼굴과 성함조차도
모른다

하지만 아버지는 보았던 그분
그분은 아버지에게 자상했다고 한다

보지 못하는 그분
그분의 사진조차도
남아있지 않다

그분의 모습을 보고 싶다

아빠

박소연 3학년

항상 귀찮기만 했던
아빠의 말들이

항상 어색했던
아빠와의 시간이

정신없이 시간이 흘러 이제 마주하니
그 말들이, 그 시간들이 보인다

허공에서 퍼져 나갔던 아빠의 사랑이
자신을 희생했던 그 시간이
이제야 나에게 닿았다

늦진 않았을까 잡은 말들과 시간들 속에
아빤 날 기다려 주고 있다

친구라서

최인영 3학년

네 친구이기 때문에
나는 상처받고
나는 행복하고
나는 쓸쓸한 것 같다.

너에게 다가간 만큼
또 아프기도 하니까
친구이기 때문에
사소한 일에도
나는 큰 상처를 받으니까

그래도
네 친구이기 때문에
나는 성장하고
즐겁고
행복할 수 있는 것 같다.

빈자리

조은지 2학년

졸업여행을 가버린 언니
집에 돌아오니
서늘한 공기와 고요한 방

있을 때는 몰랐던 소중함
잠시 없으니까 보고 싶어지는 언니 얼굴

잠을 자려 할 때 언니와 같이 잤던
그 빈자리가 공허하다

통화로 언니의 목소리를 들으니
금세 해맑아진 내 모습

투닥투닥 싸우고 하여도 우리 언니가 최고다

사촌동생

김경희 3학년

때는 2014년 4월 8일
오전 3시 15분
예쁜 사촌 여동생이
태어났다

명절만 되면
서울로 올라가는 나
사촌이라고는 오빠들 뿐

빈둥거리는 오빠들
게임만 하는 오빠들
자기만 하는 오빠들

일손을 돕는 건 나
심부름을 가는 것도 나

여자는 오직 나

그런데 사촌 여동생이
태어났다
마냥 좋았다

그러나 나는 16살
그 아이는 1살
무려 15살 차이다

나는 스스로 생각하고,
또 생각을 하였다

혹시 얘가 나를 '이모'라고
부르는 것은 아니겠지?

혹시 얘가 나를 '언니'라고
부르기 싫어하는 것은 아니겠지?

언니처럼 잘 놀아주면 될 거야
그 아이에겐 25살 차이 나는
사촌오빠도 있으니 말이다

손

김윤주 3학년

설거지하느라 차가워진 손은
엄마 손이고

궂은일 하느라 굳어버린 손은
아빠 손이다

그런 손들을 한 번도 잡아본 적 없는
야속한 내 손

어린 시절에 대한 그리움

전선우 1학년

누구나 생각했을 것이다.
어린 시절로 돌아간다면
다시 돌아간다면…

철없던 시절이 즐거워서
그런 생각을 한 것이 아닐까?

등수로 어머니의 사랑을 독차지할 수 있는
지금이 싫은 건 아닐까?

공부 걱정이 없는
어린 시절이 좋은 건 아닐까?

혹시
미래가 두려운 건 아닐까?

오늘 창문 너머 놀고 있는
초등학생을 바라보며
나는 생각한다.

그때로

신민주 3학년

돌아가고 싶다.
고민이 없었던 그때로
걱정이 없었던 그때로
그때의 천진난만한 나로
나쁜 말도 몰랐던 나로
누구보다 하얗고 깨끗한 마음을 가졌던 나로
돌아가고 싶다.

지금의 나는 그때와 다르게
많이 변해있었다.
고민도 많아지고
걱정도 많아지고
나쁜 말을 쓸 때도 있다.
가끔씩은
내가 왜 태어났을까?

정말 살기 싫다.
라는 나쁜 마음을 갖는다.

지금의 나는 많이 변해 있었다.
순수하고 천진난만했던 나로
돌아가고 싶다.

거제도 갔던 날

김윤주 3학년

부산 밑에 있는 거제도에 갔다
버스를 타고 오후에 도착했다
멀미가 났다

내려서 밥을 먹고 포로수용소를 봤다
한국전쟁에 대해서도 다시 생각했고
안타까웠다

조선소에도 잠시 들러
배 만드는 것도 보았다
다시 버스를 타고 집으로 향했다
멀미가 났다

문득 생각했다
거제도에서 보낸 시간은 2시간
버스 탄 시간은 6시간

처음으로

임연홍 2학년

처음으로 비행기를 타고 슝
처음으로 섬에 도착해보니

처음으로 보는 예쁜 풍경과
처음으로 먹어보는 맛있는 음식들

처음으로 히잉히잉 말도 타보고
처음으로 파닥파닥 낚시도 해보고

처음으로 제주도지킴이 돌하르방과 사진도 찍고
처음으로 과일도 직접 따 보았다

처음이 아니라 나중에도 또 가보고 싶은
아름다운 섬이었다

한 마디

한혜진 3학년

입 밖으로
하지 못하는 한 마디
고맙습니다
입 밖으로
하지 못하는 한 마디
사랑합니다
언젠가 그 시간들이
그리워지겠지
절실해지겠지

책쓰기동아리 詩友 시작 메모

♥ 김경희(3학년)
가끔 친구들의 말을 못 알아듣고 엉뚱한 말을 하기도 한다. 가족은 부모님과 남매(오빠와 나)로 구성되어 있고, 오빠랑 사이가 그다지 좋은 편은 아니다. 음식 중에서는 고기, 떡볶이, 초콜릿을 제일 좋아한다.

♥ 김윤주(3학년)
예비 고1이면 생각이 많아질 법도 하지만 즐거운 생각으로만 가득 차있는 어린이 같은 중3. 감성이 풍부하다. 주장을 강력히 펴지 못하는 내성적인 성격이지만, 덕분에 다른 사람의 이야기를 잘 들어주고 공감도 잘 해준다. 올 1년은 시를 통해서 나의 생각을 표현할 수 있었던 좋은 시간이었다.

♥ 안수연(3학년)
뭔가 끄적대는 재주가 있다는 것만 빼면 별다른 특이점은 없는 열여섯 여자 사람. 책 읽는 걸 좋아하는 편. 어머니, 아버지, 오빠가 있으며 사이는 좋은 편이다(아마도).

♥ 이지현(3학년)
평소에는 시 쓰는 것에 별로 관심이 크게 없었으나, 동아리를 하면서 시 쓰는 것에 흥미를 느끼기 시작했다. 아직 많이 부족한 실력이지만, 그래도 나름 괜찮게 시를 완성하게 되었다.

💜 정예린(3학년)
글쓰기를 좋아하지만 시 쓰기에는 별 감각이 없어 시를 그닥 좋아하지 않는 예비 고등학생. 표현이 서툴고 상상력과 독창성이 심각하게 부족하며, 완벽주의라는 피곤한 성격 때문에 나 자신에 대해 항상 고민하고 지금도 고민 중이다.

💜 박소연(3학년)
어렸을 땐 마냥 조용했지만, 많은 사람들을 만나면서 지금은 사람 만나는 걸 좋아 하고, 정말 밝은 사람이 됐어요. 책을 자주 읽지는 않았지만 책을 읽는 걸 좋아해요. 그리고 지금 패션뷰티잡지 편집장이 됐으면 하는 꿈이 있어요. 학생으로서 쓴 시라 지금 학생들의 꿈, 가족 등이 어떤지 이해하면서 읽어 주셨으면 해요.

💜 송수민(3학년)
최근 거의 수학이나 영어에 파묻혀 살지만 그래도 나름 행복하다. 하루하루 다음날을 걱정하지만 매일 매일 웃으며 보내는 중. 그리고 세상에서 잘 때가 제일 행복한 낙천적인 사람.

💜 신민주(3학년)
천진난만하고 순수했던 그때로 돌아가고 싶은 열여섯 살. 마음속에 있는 말을 꺼내고 싶은 열여섯 살. 시에 진심을 담고 싶은 열여섯 살.

💜 한혜진(3학년)
나는 글과는 거리가 먼 열여섯 살 학생이다. 학교생활을 매우 즐겁게 하고 있다. 그저 음악을 듣거나 놀기만 좋아하던 내가 시를 쓴다는 것이 처음에는 어색하고 힘들게만 느껴졌다. 그렇지만 자유롭게 내 마음대로 쓰다보니 어느새 재미를 느끼게 되었다. 이런 뜻 깊은 경험이 기억에 오랫동안 남을 것 같다.

🖤 최인영(3학년)
솔직히 글쓰기에는 자신이 없지만 생각나는 대로 썼다. 나는 미술이나 음악 같은 예체능도 좋아하지만 이런 시 쓰는 것도 나쁘지 않다는 생각이다. 여러 편의 시를 한꺼번에 모아본 건 처음이라 서툴렀지만 흥미로운 일이라는 생각이다.

🖤 임연홍(2학년)
멋진 아빠, 예쁜 엄마, 귀여운 동생과 함께 살고 있는 행복한 아이이다. 밝고 명랑하면서 노랑색을 좋아하고 고기를 좋아한다.

🖤 조은지(2학년)
착한 엄마, 호탕한 아빠, 명랑한 언니와 함께 살고 있다. 보물 1호는 우리 가족이다. 좋아하는 음식은 소고기, 취미는 소설 읽기와 노래 듣기. 좋아하는 노래는 달달한 랩이다.

🖤 신주영(2학년)
호불호가 명확한 악성푸들. 치즈와 빼빼로에 열광하고 현재 내가 존재함을 가장 큰 기적이라고 여긴다. 악성곱슬 머리카락은 아빠, 엄마의 완벽한 결합물임을 보여준다. 중2병이 심각하다고들 하지만 나는 다행히 어렸을 때 항체가 생겨 내 위치에서 충실히 살아간다. 이게 중2병인지도 모르겠지만.ㅋ

🖤 전선우(1학년)
우리학교 책쓰기 동아리 詩友의 유일한 청일점이자, 유일한 1학년. 시를 써본 적이 없는 중1 남학생. 시를 써보고 싶어서 동아리에 들어오게 되었다. 처음으로 내가 쓴 이 몇 편의 시가 책으로 나올 수 있다니, 놀랍기만 하다.

들키고 싶은 마음

초판 인쇄 2015년 5월 15일
초판 발행 2015년 5월 20일

엮은이 / 조 은 경
펴낸이 / 박 진 환

펴낸 곳 / 만인사
출판등록 / 1996년 4월 20일 제03-01-306호
주소 / 700-813 대구광역시 중구 명륜로 116
전화 / (053)422-0550
팩스 / (053)426-9543
전자우편 / maninsa@hanmail.net
홈페이지 / www.maninsa.co.kr

ISBN 978-89-6349-078-6 03810

값 10,000원

* 이 책의 내용의 전부나 일부를 사용하려면 반드시 저작권자나 만인사 양측의 동의를 받아야 합니다.
* 이 도서의 국립중앙도서관 출판시도서목록(CIP)은 서지정보유통지원시스템 홈페이지(http://seoji.nl.go.kr)와 국가자료공동목록시스템(http://www.nl.go.kr/kolisnet)에서 이용하실 수 있습니다(CIP제어번호 : CIP2015013274).